DIE REIHE
Archivbilder

NORDHAUSEN

IN ALTEN ANSICHTEN

Marterturm am Primariusgraben.

DIE REIHE *Archivbilder*

NORDHAUSEN
IN ALTEN ANSICHTEN

Gabriele Scholz

SUTTON VERLAG

Sutton Verlag GmbH
Hochheimer Straße 59
99094 Erfurt
http://www.suttonverlag.de

ISBN 978-3-89702-421-2

Druck: Marston Digital, Collett, Didcot | OX, England

Aufnahme vom 30. August 1936. Kinder spielen auf dem Karl-Meyer-Wall am Torhäuschen „Spendekirchhof“.

Inhaltsverzeichnis

Außenseite der Kuttelpforte. Der untere Teil der Treppe wurde 1911 umgebaut.

Einleitung

Am 29. November 1940 fand im 1886 errichteten Gesellschaftshaus der „Harmonie" an der Promenade in Nordhausen ein Vortrag unter dem Titel „Das Alte und Neue Nordhausen" statt. Der Vortrag wurde am 14. Februar 1941 unter dem Titel „Das neue Nordhausen" ebenfalls in der „Harmonie" fortgesetzt. Hermann Eschenhagen beleuchtete anhand von Lichtbildern die tausendjährige Geschichte Nordhausens: vom Fränkischen Reichshof auf dem Frauenberg über die Heinrichsburg im Dombereich bis zu den Fachwerkbauten um das Rathaus. Er verwies in seinem Vortrag unter anderem auf die Bedeutung der alten Kirchen, Klöster und Befestigungsanlagen der Freien Reichsstadt, die zu seiner Zeit noch zahlreich im Stadtbild erkennbar waren.

Zu Weihnachten 1940, im Alter von 84 Jahren, wählte Hermann Eschenhagen aus seinem Bildarchiv Motive für ein Fotoalbum aus, das er unter dem Titel: „Bilder aus der ehemals freien Reichsstadt Nordhausen, der tausendjährigen Stadt am Harz" arrangierte. Insgesamt besteht dieses Album aus 52 Seiten. Zu finden sind hier 194 Aufnahmen Eschenhagens, die er in der Zeit von 1907 bis 1940 im Stadtgebiet von Nordhausen aufgenommen hat. Dieses Fotoalbum diente dem vorliegenden Bildband als Grundlage. Es zeigt überwiegend historische Motive Nordhausens aus vier Jahrzehnten. Möglicherweise regte ihn die Vorbereitung zum Vortrag in der „Harmonie" über die fränkischen und sächsischen Wurzeln Norhausens dazu an.

Wer war aber nun Hermann Eschenhagen, der recht früh begann, Regional- und Ortsgeschichte mit entsprechendem Bildmaterial zu dokumentieren? Die Anmerkungen im Album „Bilder aus der ehemals freien Reichsstadt Nordhausen, der tausendjährigen Stadt am Harz" sind spärlich. Sie verweisen nur auf den Nachnamen, den Beruf und den Urheber der Fotos. Bei der Spurensuche nach Eschenhagens Vergangenheit half das Stadtarchiv Nordhausen. In den Archivalien des 1870 gegründeten Nordhäuser Geschichts- und Altertumsvereins fanden sich Hinweise auf die gesuchte Person.

Karl Albert Hermann Eschenhagen wurde am 14. November 1856 in Eisleben geboren und verstarb am 14. Januar 1946 in Nordhausen. Er wohnte bis zu seinem Tod in der Schröterstraße 3, in der Nähe des Meyenburgmuseums. Er war Landmesser im Staatsdienst und Mitglied der Königlichen Spezialkommission für Auseinandersetzungssachen in der Provinz Sachsen. Zu dieser Kommission gehörte ein Vermessungstechnisches Büro, in dem er als einer von elf Landmessern unter einem Oberlandmesser tätig war. Um das Jahr 1924 hat Eschenhagen, wohl schon als Pensionär, nachweislich in der Meyenburgstraße 9 gewohnt. Als Oberlandmesser i. R. begann eine intensive Arbeitszeit als Regional- und Heimatforscher sowie Mitglied des Nordhäuser Geschichts- und Altertumsvereins. In dessen Unterlagen wird er 1919 als auswärtiges, 1924 wieder als ordentliches und 1943 letztmalig als Mitglied genannt. Zehn Jahre war Eschenhagen im Verein als erster Schriftführer tätig. Eschenhagen hielt nach 1924 zahlreiche Vorträge im Auftrag des Vereins, so zum Beispiel: „Die Romantik des Harzes" (1925), „Vorgeschichtliche Burgen in Sachsen und Thüringen" (1927), „Wanderung durch das obere Saaletal" (1929), „Städtebilder aus der Altmark" (1930), „Erinnerungen aus der Zeit vor 65 Jahren" (1931), „Goethestätten" (1932), „Kaiserpfalz Gelnhausen" (1932), „Lutherstadt Eisleben" (1935), „Im Zauber der Wartburg" (1939), „Das Heidelberger Schloss" (1942), „Paulinzella" (1943). Alle seine Vorträge unterlegte er mit Lichtbildern. Bereits 1909 hielt er einen Lichtbildervortrag über die „Drei Gleichen" bei Arnstadt. Man kann bei der Fülle der Vorträge sagen, dass er historische Plätze bei seinen Streifzügen nie ohne Kamera aufsuchte.

Hermann Eschenhagen war wohl eng mit dem Orts- und Regionalhistoriker Karl Meyer (1845-1935) verbunden, dessen zahlreiche Publikationen zur Geschichte des Kreises Sangerhausen, des Kyffhäusergebietes, des Kreises Grafschaft Hohenstein und der Stadt Nordhausen auch heute noch sehr geschätzt werden. Diese Annahme wird einerseits dadurch untermauert, dass Karl Meyer auf Fotos, vor allem aus der Zeit 1907 bis 1910, abgebildet wurde. Auf der anderen Seite nutzte Eschenhagen Karl Meyers historische Leitsätze zur Geschichte Nordhausens für seine Bildunterschriften im Fotoalbum. Für beide Personen gilt: Mauern, Türme und Wälle, die mühevolle Spurensuche nach der Existenz untergegangener Herrlichkeiten in der langen Nordhäuser Gründungs- und Stadtgeschichte waren Passion und selbstgewählte Lebensaufgabe zugleich.

Große Teile der Altstadt, des Neustadt- und Petersbergviertels, die Eschenhagen in Fotos teilweise noch 1940 festgehalten hat, sowie die Jakobi-, Nicolai- und Frauenbergskirche wurden am 3. und 4. April 1945 durch die Bombardierungen der Royal Air Force vernichtet. 8.800 Menschen kamen ums Leben. Die ehemals freie Reichsstadt Nordhausen, die tausensjährige Stadt am Harz, wurde zu 75 % zerstört. Was geblieben ist, sind Fotografien, die Untergegangenes noch einmal aufzeigen und Erinnerungen wecken. Dieser Bildband möchte dazu einen Beitrag leisten.

Die Autorin dankt Herrn Justus Steinbömer aus Celle, der das Album „Bilder aus der ehemals freien Reichsstadt Nordhausen, der tausendjährigen Stadt am Harz" von Hermann Eschenhagen für diesen Bildband zur Verfügung gestellt hat. Ein weiteres herzliches Dankeschön geht an Herrn Dr. Peter Kuhlbrodt und Frau Manuela Schmidt vom Stadtarchiv sowie an das Standesamt der Stadt Nordhausen für die Bereitstellung der Lebensdaten von Hermann Eschenhagen.

1
Frauenberg und Petersberg

Am Hang des Frauenberges entstand unter Karl dem Großen um 790 ein Reichshof, der Mittelpunkt des militärischen, politischen und wirtschaftlichen Lebens einer Ansiedlung wurde, die den Namen Nordhausen bekam. Nach dem Bau der sächsischen Burganlage um das Jahr 910, zirka 800 Meter Luftlinie weiter westlich, wurde die Frauenberg-Siedlung als „Alt-Nordhausen“ bezeichnet (erste urkundliche Erwähnung 1308). Die Siedlung zog sich entlang der Gegend der „Frauenberger Stiege“ und neben eingesessenen Bauern wohnten hier verschiedene fränkische Handwerker, die vermutlich auch den Mühlengraben anlegten und Wassermühlen bauten. Es entstanden die Frauenberger Kirche und das Frauenberger Nonnenkloster, welches am Ende des 12. Jahrhunderts gegründet wurde. Da die Siedlung am Frauenberg nicht zum eigentlichen Stadtring zählte, schützten sich die Bewohner durch Gräben und Wälle. Nach ihrer Eingemeindung übernahm es ab 1299 die Stadt Nordhausen, für den Schutz der Siedlung zu sorgen. Ab 1365 entstanden weitere Befestigungen, die sich bis zur Neustadtbefestigung zogen. Die fränkischen Wurzeln Nordhausens wurden vor allem vom Lehrer und Heimatforscher Karl Meyer untersucht und belegt, der von 1845 bis 1935 lebte.

Auf diesem Foto aus dem Jahre 1910 ist der Heimatforscher Karl Meyer an der Stelle fotografiert worden, wo einst der fränkische Reichshof mit Herrenhaus, Wachthügel und Kapelle am Fuße des Frauenberges im ausgehenden 8. Jahrhundert gestanden haben soll.

„Altnordhausen" lag wohl auf drei künstlich geschaffenen Terrassen. Karl Meyer hat in gründlichen Ausführungen die fränkischen Wurzeln Nordhausens erforscht und die geografische Lage und Entstehung des ehemaligen Reichshofes entlang alter Reichsstraßen verdeutlicht.

Straßenflügel des Frauenberger Klosters, aufgenommen am 23. April 1910. Der Fachwerkbau gotischer Bauart, der etwa um 1450 auf einem Unterbau aus Dolomitquadern errichtet wurde, wird von Karl Meyer bestaunt.

Hofaufnahme des Straßenflügels des Frauenberger Klosters. Zwei Innenräume des Klosters waren zu dieser Zeit (1910) teils noch in unveränderter Weise erhalten.

Aufnahme vom 1. Mai 1910 mit Blick zur Frauenbergskirche. Das Gotteshaus ist eine kreuzförmige, dreischiffige, romanische Pfeilerbasilika, die nach 1180 erbaut wurde.

Dieser malerische Winkel wurde im Sommer 1940 am Frauenberger Pfarrhaus von Hermann Eschenhagen aufgenommen.

Hier ist die Ostseite der Frauenbergskirche zu sehen. 1927 nahm diese Kirche unter den Nordhäuser Kirchen eine Sonderstellung ein, da sie wenig von ihrer romanischen Ursprünglichkeit verloren hatte.

Aufnahme des Portals an der Westseite der Frauenbergskirche vom 13. November 1927.

Das Foto vom 13. November 1927 zeigt Pfarrhaus und Frauenbergskirche. Letztere gehörte zum Nonnenkloster St. Mariae novi operis, das nach der Reformation in eine Jungfrauenschule umgewandelt wurde.

Aufnahme vom 7. Mai 1937 am Klosterhof. Hier lag der Wirtschaftshof des Martini-Hospitals, das 1390 von den Brüdern Segemund gestiftet wurde.

Das Kanzelhaus in der Sundhäuserstraße 1, aufgenommen am 1. Mai 1910. Das Fachwerkgebäude wurde Mitte des 16. Jahrhunderts errichtet.

Blick auf die Straßenkreuzung Backshausberg und Rumbach am 3. Oktober 1937. Hier erfolgte die Trennung der von West kommenden ehemaligen Reichsstraßen, links nach dem Reichshof (Backhausberg), rechts (Rumbach) zu den Kaiserpfalzen.

Der Rähmenplatz auf einer Fotografie vom 18. Mai 1929. Vermutlich haben Tuchmacher an dieser Stelle ihre mit Tuch bespannten Rahmen zum Trocknen aufgestellt; daher der Name.

Aufnahme des Judenturms am Rähmenplatz, 1907. In den Turm sind einige alte jüdische Grabsteine (1416, 1425, 1438 und 1439) eingemauert. Vor der Mauer soll sich ein jüdischer Friedhof befunden haben. Der Turm selbst gehörte als Bollwerk zur äußeren Zwingermauer der Stadtbefestigung Nordhausens.

Der Blick aus dem obersten Giebelfenster des Stadthauses am Markt schweift nach Süden in Richtung Petrikirche. Sie liegt auf dem höchsten Punkt der Altstadt, dem Petersberg, und wird 1220 erstmals als Pfarrkirche erwähnt.

Aufnahme vom 9. Mai 1927 an der Petrikirche. Hier entstand bereits um 1140 eine Siedlung flämischer Kolonisten. Sie legten die Sümpfe trocken, schufen damit die spätere „Goldene Aue“.

Am Petrikirchplatz, aufgenommen am 7. Mai 1937. Durch den Zuzug flämischer Siedler nahm auch die bürgerliche Einwohnerschaft Nordhausens im 12. und 13. Jahrhundert zu.

Ecke Weberstraße / Petersberg-Platz. Die so genannten „Fläminger" betrieben die Wollweberei. Sie wohnten in der Webergasse, unweit der Petrikirche.

Aufnahme vom unteren Teil der Straße Vor dem Vogel vom 18. September 1936. Ihr Name ist zurückzuführen auf die Eingemeindung der Neustadt. Hier stand bis 1836 eine Säule mit Adler, der in Richtung Altstadt blickte.

2
Neustadtviertel und Primarusgraben

Im Laufe des 13./14. Jahrhunderts drängte die Stadt nach Erweiterung außerhalb der Mauern. Die alten Stadtmauern konnten den Zuwachs an Bevölkerung nicht mehr aufnehmen. Die Neustadt (oder Neudorf), die sich am Fuße der Stadtmauer und südlich der eigentlichen Stadt entwickelte, wurde offiziell am 6. Februar 1365 mit Nordhausen vereinigt. Erstmals urkundlich erwähnt wurde die Neustadt im Jahre 1256 als „nova villa apud Northusen". Schon vor der Eingemeindung im Jahre 1342 wurde die Neustadt als „civitas nove ville" bezeichnet und es gab wahrscheinlich schon vorher Verbindungen zum Nordhäuser Rat. Man kann davon ausgehen, dass die Neustadt nicht, wie das Altendorf, eine eigene dörfliche Entwicklung genommen hat. So war hier die einzige bürgerliche Stadtschule neben der Kirche St. Jakobi angesiedelt, die der Rat der Stadt Nordhausen gegen die Monopolstellung der Domschule durchgesetzt hatte. Nach der Eingemeindung wurde der Schwerpunkt von Verwaltung und Wirtschaft in die Oberstadt verlegt. Sämtliche öffentliche Gebäude in der Neustadt mussten geschlossen werden. Mit der Eingemeindung, die für die Stadt Nordhausen ein politischer und wirtschaftlicher Erfolg war, wurde ab 1368 auch eine Befestigung der Neustadt festgeschrieben.

Die Neustädter Kirche St. Jakobi, hier auf einer Aufnahme vom 8. Mai 1936, wurde zwischen 1744 und 1749 errichtet. Eine neustädtische Pfarrkirche hat bereit im 13. Jahrhundert bestanden.

Das St.-Jakobi-Pfarrhaus am Jakobikirchplatz, aufgenommen am 17. Juni 1927. Das Gebäude wurde 1687 nach dem Großfeuer in der Neustadt erbaut. Es ist ein zweigeschossiges Haus mit Sandsteinuntergrund.

Dieser Überrest der Neustadtbefestigung, die einst ein Mauerzug mit fünf Türmen war, ist der so genannte „Oswald'sche Turm". Er wurde vermutlich zwischen 1365 und 1450 erbaut. Die Aufnahme aus dem Jahre 1932 zeigt ihn als Gartenhäuschen.

Aufnahme vom 23. April 1910 am Jakobikirchplatz. Auffälligster Bau ist die im Jahre 1493 errichtete Lateinschule am Jakobikirchplatz 4. Architektonisch ist die Lateinschule ein ähnlicher Bau wie das „Frauenberger Kloster". Das Gebäude mit den geschlossenen Blenden auf dem Foto ist die Neustädter Mädchenschule.

Weiter Blick vom Jakobikirchturm hinüber zum Primariusgraben, aufgenommen von Hermann Eschenhagen am 17. Juni 1927. Den Namen erhielt der Graben vom Primus, dem ersten Pfarrer der Nikolaikirche, der seit dem 19. Jahrhundert den Graben bewirtschaftete.

Aufnahme vom 14. August 1938 am Jakobikirchplatz mit einem neu erbauten Fachwerkhaus. Rechts ist das untere Ende der Lesserstiege zu sehen. Durch diese wurde der Hauptfußgängerverkehr vom Bahnhof zur Oberstadt geführt.

Lohmarkt Nummer 20 und 21 im Jahr 1940. Nach dem Brand von 1686 sind diese Gewerbehäuser in ihrer typischen Bauweise – schmale Front mit drei Geschossen – entstanden. Haus Nr. 21 weist noch eine Inschrift mit Zunft-Emblem, Namen des Erbauers und Baudatum auf.

Der Lohmarkt gehörte für den Fotografen Eschenhagen mit zu den schönsten Plätzen Nordhausens. In der Längsrichtung des Lohmarktes fließt von Norden nach Süden der Mühlgraben, der von Bäumen gesäumt wird. Die Aufnahme stammt vom 11. April 1927.

Aufnahme des Mühlengrabens am Lohmarkt vom 20. Juli 1940. Um 1754 wurde eine breite Brücke über den Mühlgraben gebaut, die im Zuge der Uferbefestigung im Jahre 1789 durch eine steinerne Brücke ersetzt wurde.

Aufnahme gleichen Datums vom Mühlengraben in der Weidenstraße. Das Wasser für den fünf Kilometer langen Graben wird aus dem Zorgefluss abgeleitet.

Der Bau einer zweiten Stadtmauer am Bergabhang führte von 1449 bis 1453 zur Errichtung eines Zwingers. Er reichte südwärts zur Lesserstiege und wurde im Jahre 1906 durch die Stadt zu einem Promenadenweg, dem Primariusgraben, umgestaltet.

Auf dem Bild ist der wiederhergestellte Primariusgraben als Wanderweg zu sehen. Die Aufnahme entstand 1907, ein Jahr nach der Übergabe an die Öffentlichkeit. Die Bepflanzungen sind auch ein Zeugnis davon, dass die Stadt der damaligen „Gartenstadt-Bewegung" gerecht werden wollte.

Vom Primariusgraben hat man einen schönen Blick auf die Umgebung. Die Türme der Stadtmauer, wenn nicht abgerissen, wurden damals auch als Wohnraum genutzt. Im viereckigen Marterturm befand sich einst auch die Folterkammer.

Treppe an der Außenseite der Kuttelpforte, einer ursprünglich für Fußgänger eingerichtete Schlupfpforte. Sie bestand bereits im 15. Jahrhundert und wurde 1911 umgebaut sowie erweitert. Rechts endet der Primariusgraben.

3

Stadtbefestigung, Neuer Weg und Treppen

Vom 13. bis 15. Jahrhundert wurde Nordhausen weiter befestigt, neu gewonnenes Stadtgebiet musste gesichert werden. Auch Fehden und kriegerische Auseinandersetzungen waren in jener Zeit für die Bürger Anlass, ihre Stadt mit Mauern und Türmen zu schützen. Bekannt sind drei Perioden des Stadtmauerbaus. Der innere Mauerring verlief vom Barfüßertor am Steilhang entlang zur Kuttelpforte, von dort über den Primariusgraben zum Rautentor und im Südosten weiter nach dem Töpfertor. Vom Töpfertor kehrte die Mauer, den Hagen umschließend, zum Barfüßertor zurück. Dieser Ring schloss den Petersberg wahrscheinlich mit ein. Mit der ersten Umringung wurde auch erstmals das Neue Wegtor genannt. Gleichzeitig mit diesem legte man den Neuen Weg an, der um 1310 schon mit Häusern bebaut war. Dieses Gebiet wurde wahrscheinlich 1315 eingemeindet. Der Neue Weg beginnt am Lohmarkt, steigt, von Süden nach Norden laufend, bis zum Neuen Wegtor und fällt dann wieder bis an den Fuß der Wassertreppe am Grimmel.

Aufnahme eines Mauerturms mit Fachwerkbau vom 21. April 1939. Der doppelte Mauerring wird als Königshof-Wall bezeichnet, da über den Mauern einst der Königshof gelegen haben soll.

Der Königshof-Wall zieht sich von der Kuttelpforte bis zum Neuen Wegtor, welches 1835 abgebrochen wurde. Die Aufnahme stammt aus dem Jahr 1939. Zu dieser Zeit war der Wall schon wieder freigelegt und frisch bepflanzt worden.

Beginn des Neuen Weges am Nordende des Lohmarktes. Die Pflasterung stammt aus dem Jahr 1903. Rechts auf dem Foto vom 22. Mai 1927 ist der Fuß der Kutteltreppe zu erkennen.

Ähnliches Foto wie oben. Auf dem Bild vom 11. Mai 1927 ist die Lohmarktmühle links zu sehen und rechts der Aufgang zur Kutteltreppe.

Aufnahme vom 2. Mai 1930 am Neuen Weg. Sichtbar ist der untere Teil der Stadtmauer und darüber eine zweite Mauer mit starkem Turm.

Wie die Fenster und das Kegeldach auf diesem Foto erkennen lassen, war der Turm am Neuen Weg im Mai 1930 bewohnt.

Ein fotografischer Blick Eschenhagens vom Finkenburg-Wall auf den Neuen Weg. Das Foto stammt vom 24. Oktober 1936.

Blick auf das alte Nordhausen, den Dom und einige Mauertürme der alten Stadtmauer. Links vom Dom ist ein starkes Bollwerk, der so genannte Kaiserturm, zu erkennen. Die Aufnahme stammt vom 2. November 1935.

Der Kaiserturm am Finkenburg-Wall zwischen Wassertreppe und Barfüßertor. Er erhielt, als im 18. und 19. Jahrhundert die Türme abgerissen oder in der Nutzung umgewandelt wurden, eine klassizistische Fassade (1850).

Diese Aufnahme vom 11. Oktober 1936 zeigt den Finkenburg-Wall. Hinter diesen Mauern soll sich die untergegangene Burg des Sachsen Heinrich I. befunden haben.

Aufnahme vom 14. Oktober 1936. Neben dem Kaiserturm ist ein zugemauertes Tor zu erkennen, das vermutlich einst eine Verbindung zwischen Königshof und Dombezirk mit der am Fuße des Berges gelegenen Mühle herstellte.

Die Kaisermühle auf einer Fotografie vom 8. Oktober 1937. Die Wassermühle liegt am Fuße der rechts sichtbaren Stadtmauer. Vom Mühlenhof führt die Wassertreppe steil nach oben.

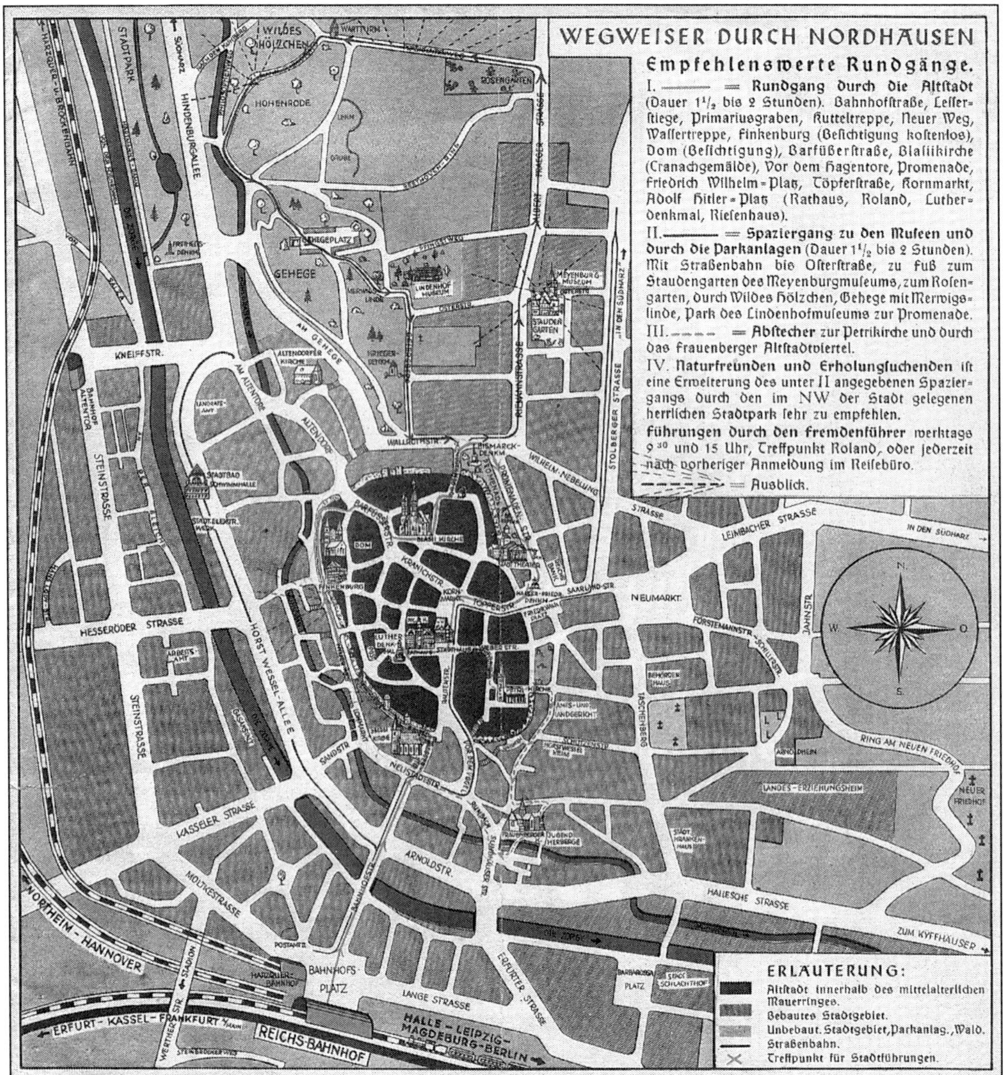

Diese Karte des Landesfremdenverkehrsamtes Harz e.V aus dem Jahr 1936 zeigt Nordhausen mit empfohlenen Wandertouren durch die Stadt.

Nordhausen ist, bedingt duch seine terrassenartige Lage auf mehreren Höhenebenen, eine Stadt mit vielen Treppen. Die Wassertreppe auf dem undatierten Foto endet im oberen Teil an der Finkenburg. Rechts im Bild am Fuß der Treppe ist das untere, nördliche Ende des Neuen Weges zu erkennen.

Eine weitere Treppe ist die Johannistreppe, die zum Mühlgraben führt. Am oberen Ende der Johannistreppe stand das Neue Wegtor. Das Foto wurde am 28. Oktober 1936 aufgenommen.

4

Dom, Finkenburg und Barfüßerstraße

Das Gelände der Finkenburg, des Doms und der Barfüßerstraße zählt zum alten Stadtkern Nordhausens. Der Sachse Heinrich I. gründete um 910, vermutlich zwischen der Wassertreppe und dem Dom, eine Burg. Das Gebiet bekam den Namen der bereits bestehenden fränkischen Siedlung Nordhausen am Frauenberg. Die Gesamtanlage mit Wirtschaftshof und Gefolgschaftsgebäuden wuchs am oberen Rande des westlichen Stadtkerns, ausgehend von der heutigen Finkenburg, nach Norden hin und wandelte sich allmählich zu einer Stadt. Im Jahre 962 konnte Mathilde, Ehefrau von Heinrich I., ein von ihr gegründetes Nonnenkloster weihen. Kloster und Marktflecken waren eng miteinander verbunden. 1220 wurde das Nonnenkloster zum Domherrenstift „Zum heiligen Kreuz“ umgewandelt und Nordhausen zur freien Reichsstadt erklärt. Die Franziskaner oder Barfüßermönche siedelten sich um 1230 in Nordhausen an. Ihr Kloster lag am Ende der Barfüßerstraße, am sogenannten „Spendekirchhof“.

Imposante Aufnahme der Kirche St. Blasii und des Doms St. Crucis, 20. September 1940. Türme, Krypta und Kreuzgang des Domes stammen aus der romanischen Zeit.

Blick auf den Dom, die umgebenden Stadtmauern und die „Grimmel-Vorstadt" am 22. April 1926. Rechts neben dem Dom wird der Standort der sächsischen Burganlage vermutet, die 1180 durch Heinrich den Löwen mit Stadt und Stift zerstört wurde.

Aufnahme des Domes von Südosten, 5. November 1936. Die Westfront des Domes ist fensterlos und mit der Stadtmauer „verwachsen". Im Jahre 1220 wurde die bisherige Klosterkirche zum Domstift und behielt dieses Privileg bis 1810.

Um die Mitte des 15. Jahrhunderts wurde der in der Romanik erbaute Kreuzgang im spätgotischen Stil wiederhergestellt. Der größte Teil wurde im 18. Jahrhundert abgebrochen – Reste des Kreuzganges zeigt diese Aufnahme Eschenhagens vom 8. Mai 1935.

Ein stiller Winkel am verschneiten Dom, hier auf einer Fotografie vom 7. Februar 1936. Das Domstift wurde am 1. Dezember 1810 durch König Jerôme von Westfalen aufgehoben und später durch König Friedrich Wilhelm von Preußen der katholischen Gemeinde zu Nordhausen als Pfarrkirche überwiesen.

Die „Brautpforte“ auf einer Abbildung vom 5. November 1936. Hier wird das Brautpaar vom Geistlichen empfangen und zum Altar geführt.

Aufnahme des Ostchors vom Dom, 8. Mai 1936. Er wurde im Jahre 1230 erbaut, 1234 durch Brand zerstört und 1267 wieder neu errichtet.

Die Finkenburg in der Domstraße 23 gehört zu den ältesten Fachwerkhäusern der Stadt. Sie steht am oberen Anfang der Wassertreppe und wurde um 1400 errichtet.

1926/27 wurde die mehrgeschossige Finkenburg grundlegend restauriert und in ihrem ursprünglichen Zustand wiederhergestellt. Sie diente danach als Gildehaus und Gastwirtschaft.

Aufnahme des Hauses Domstraße 12 vom 8. Oktober 1927. Das Sockelgeschoss stammt aus gotischer Zeit, der Fachwerkteil ist ein charakteristisches Beispiel niedersächsischer Baukunst des 16. Jahrhunderts in Nordhausen.

Foto vom 22. April 1926, aufgenommen an der Ecke Bäckerstraße und Pfaffengasse. Man blickt zum Dom, unter dem das Dach der Finkenburg erkennbar ist.

Aufnahme vom 25. April 1937. Das etwas vorstehende Fachwerkhaus, Barfüßerstraße 6, dessen Gefache mit Backsteinen ausgemauert sind, gehörte der Familie Bart. Ein Mitglied dieses Thüringer Geschlechts, Hermann Bart, war 1206 Deutschordensmeister in Palästina.

Blick auf das Barfüßertor vor dem Abriss 1874. Das Tor wurde 1427 erbaut und diente als Hauptzugang für die von Westen kommende Reichsstraße.

Ansicht der Barfüßerstraße, aufgenommen am 25. April 1937; links Reste der alten Stadtmauer, im Hintergrund der Turm der Blasiikirche.

Ähnliches Bild wie auf der vorherigen Seite aus dem Jahre 1937, mit Blick auf das „Haus der Barte". Die Familie war vermutlich bereits seit dem 13. Jahrhundert in Nordhausen ansässig. Das Haus wurde in seiner langen Geschichte immer wieder erweitert und umgebaut.

Ein Foto von der Stadtseite des Torhauses am ehemaligen „Spendekirchhof", aufgenommen am 8. Mai 1910. Das Torhaus ist erst nach Auflösung des Klosters im Bauernkrieg um 1667 entstanden. Es diente als Eingang zu einem Friedhof und Wohnhaus für den Totengräber.

Aufnahme gleichen Datums vom Torhäuschen. In dem früher hier stehenden Barfüßerkloster wurden alljährlich am Freitag vor Palmarum aus Anlass einer am 14. April 1329 versuchten, aber abgeschlagenen Überrumpelung der Stadt gestiftete reiche Spenden verteilt; daher der Name „Spendekirchhof".

5
Blasiikirche und Blasiiviertel

Im 13. Jahrhundert entwickelte sich das städtische Wesen Nordhausens, bedingt durch die politischen Verhältnisse, schnell. 1277 erstürmten die Bürger die Burg und vertrieben die königlichen Bediensteten. Mit der Erweiterung der Stadt durch Rodung und Besiedlung des Hagens um 1220/1234 wurde auch eine Kirche erbaut, die dem heiligen Blasius geweiht war. Um diese Kirche entstand das Blasiiviertel. Die Blasiikirche wurde durch ihre beiden ungleichen Türme, neben Dom und St. Petri, ein kirchliches Wahrzeichen Nordhausens. Das Blasiiviertel reizte den Fotografen Hermann Eschenhagen immer wieder zu Wanderungen und Aufnahmen. Am Ende eines Rundganges durch das Blassiviertel und die Altstadt hielt er 1940 Folgendes fest: „[..] Durch seltsam verwinkelte Straßen hat uns der Weg geführt, von hochgiebligen Häusern haben wir herabgeschaut auf ein Gewirr von Dächern und kleinen Häusern; dabei ist die alte, tausendjährige, ehemals freie Reichsstadt mit ihren wehrhaften Mauern und Türmen wieder vor uns lebendig geworden. Alte Erinnerungen sind in uns geweckt. An manchen der alten Häuser hängt ein Stück Geschichte und an den Veränderungen am Äußeren der Häuser sahen wir die allmählich hereinbrechende neue Zeit.[...]“

Die Blasiikirche auf einer Fotografie von Eschenhagen aus den 1930er-Jahren. Erstmals wird die Kirche in einer Urkunde im Jahre 1234 erwähnt.

Ein Blick über die Dächer der Umgebung der Kirche St. Blasii vom 15. Juli 1927. Durch Blitzschlag brannte am 24. April 1634 ein Turm der Kirche ab. Er wurde nicht wieder in alter Höhe aufgerichtet.

Von Eschenhagen 1940 fotografisch festgehalten: prachtvolle Linde am Pferdemarkt vor der Blasiikirche.

Blick auf die Blasiikirche, in deren Innenraum sich eine Renaissance-Kanzel von 1592 und ein Epitaph von 1591 (Cyriacus Ernst) befinden. Das Foto wurde am 20. September 1940 aufgenommen.

Auf der Fotografie vom 8. April 1936 sind die Blasiikirche und der Pulverturm der nördlich verlaufenden Stadtmauer schemenhaft zwischen den Bäumen zu erkennen.

Die Blasiikirche von Westen aus gesehen, fotografiert im Frühling 1936. In der Kirche befindet sich ein Gemälde von Lucas Cranach dem Jüngeren aus dem Jahre 1558. Das Gemälde wurde von der Familie des 1555 verstorbenen Bürgermeisters Meyenburg in Auftrag gegeben. Dargestellt sind berühmte Männer der Reformationszeit.

Die Aufnahme vom 25. April 1937 zeigt das Pfarrhaus von St. Blasii. Es wurde 1693 und 1713 in ähnlicher Bauweise wie das Pfarrhaus der Neustädter Kirche St. Jacobi erichtet.

Aufnahme vom 30. April 1930 in der Georgenstraße: Blick in Richtung Blasiikirche mit ihren beiden markanten Türmen.

Die Blasiikirche mit Linde und daneben liegendem Straßenzug auf einer Fotografie vom 6. August 1940. Gut zu erkennen ist das rechts in der Gasse stehende Organistenhäuschen.

Aufnahme vom 29. Oktober 1936. Zu sehen ist der Platz vor der Blasiikirche und seine typische Bebauung mit kleinen, verschieferten Fachwerkhäusern.

Foto vom 8. April 1937 mit Blick in die von Fachwerkhäusern des 16. Jahrhunderts gesäumte Blasiistraße. In der Altstadt Nordhausens waren um 1937 Häuser aus über 500 Jahren Fachwerkbau-Geschichte zu bestaunen.

Aufnahme des Organistenhäuschens hinter der Blasiikirche, das 1492 erbaut wurde. Die Aufnahme stammt vom 6. August 1940.

Rechts im Bild ist das Oberlyceum in der Blasiistraße 15 festgehalten. Der Fachwerkbau wurde etwa um 1700 erbaut.

Aufnahme des dreigeschossigen Fachwerkbaus in der Blasiistraße 21 vom 6. August 1940. Dieses Gebäude ist ein Renaissancefachwerk niederdeutscher Art aus der Mitte des 16. Jahrhunderts. Es wurde um 1700 in oberdeutscher Bauart teilweise erneuert.

Zum Abschluss der Wanderung durch das Blasiiviertel eine Aufnahme der Wolfstraße vom 15. Juli 1924. Am Ende der Wolfstraße ist die Blasiikirche zu erkennen.

6
Rund um das Rathaus

„Schon lange vor dem Jahr 1290 hatte sich der Rat der Stadt Nordhausen in einem Rathause für seine Sitzungen und Beratungen eine geeignete Stätte geschaffen. Wir pflichten Karl Meyer bei, dass dieses älteste Versammlungshaus zwischen den beiden Gässchen, die heute das Westende der Krämerstraße nach dem Steinweg hin bilden, gestanden hat." (aus: Hans Silberborth, Das tausendjährige Nordhausen, Band 1, Seite 79, 1927). 1260 bildeten die Patrizier erstmals einen „Rat" im mittelalterlichen Sinne. Am Ende des 13. Jahrhunderts wurde ein neues Rathaus in der Nähe der Marktkirche gebaut. Dieses Rathaus diente vor allem dem Handel der Kaufleute. „Es ist nicht immer ganz leicht, einen völlig gesicherten Nachweis von den Wandlungen, die der Rat im 14. Jahrhundert durchgemacht hat, zu führen und klarzulegen, wer denn eigentlich die berufenen Vertreter der Stadt Nordhausen gewesen waren." (aus: Hans Silberborth, Das tausendjährige Nordhausen, Band 1, Seite 151, 1927) Festzuhalten ist, das die Handwerker (Bürger) mehr und mehr die Patrizier aus dem Rat drängten und die wirtschaftlichen Verhältnisse sich zu ihren Gunsten verschoben.

Aufnahme des Rathauses vom 20. Juli 1940. Die im Erdgeschoss befindlichen fünf Lauben wurden 1883 geschlossen und zu Dienstzimmern umgestaltet.

Nordhäuser Wochenmarkt auf einer Aufnahme vom 25. November 1926. Hinter dem Rathaus ist die Markt- oder Nicolaikirche zu sehen. Ihr Langhausbau wird auf das gleiche Enstehungsdatum geschätzt wie das von St. Blasii, nämlich 1489.

Der Roland am Rathaus verkörperte Nordhausens Reichsfreiheit und eigene Gerichtsbarkeit. In der rechten Hand hält er ein Schwert empor, in der linken einen mit dem Adler geschmückten Schild. An diesen wurden in früheren Zeiten – für jedermann sichtbar – die Erlasse des Rates geheftet. Im Jahre 1411 wird erstmals ein Roland erwähnt und 1717 erneuert. Im 15. Jahrhundert zählte Nordhausen um die 5.000 Einwohner. Das Foto wurde am 28. April 1935 aufgenommen.

Aufnahme vom 24. Juli 1940. Der Blick aus dem obersten Giebelfenster des neuen Stadthauses streift über den Markt, den früheren Steinweg.

Eschenhagen nahm dieses Foto am 14. August 1938 mit Blick über den Lutherplatz zum Rathaus auf, als er von der Kutteltreppe zum Königshof kam.

Das Riesenhaus am Lutherplatz mit dem 1888 errichteten Lutherdenkmal. Das Patrizierhaus ist mit einer im Dachgiebelaufsatz angebrachten, geharnischten Ritterfigur geschmückt. In diesem Haus wurden die versammelten Patrizier am 13. Februar 1375 durch die aufständischen Handwerkerzünfte gefangen gesetzt.

Am 23. April 1940 entstand diese Aufnahme einer Häusergruppe am Lutherplatz, der früher der Holzmarkt war.

Ein Fachwerksbau des 18. und beginnenden 19. Jahrhunderts ist das „Haus Buhtz“ in der Krämerstraße 11. Es schließt in betonter Weise den Marktplatz gegen die Engelsburg ab.

Ausmündung der Engelsburg auf den Markt. Links im Bild ist das Haus der Familie Rosenthal, ein im Jahre 1908 im niederdeutschen (Hildesheimer) Stil errichteter stattlicher Fachwerksbau, zu sehen. Sprüche und Stammbaum des alten Bürgergeschlechts zieren die Balken des Hauses.

Reges Treiben auf dem Kornmarkt, aufgenommen am 11. September 1926. Der abgebildete und am 2. Juli 1828 am Kornmarkt aufgestellte Neptunbrunnen wurde von Karl August Bötticher gestiftet und von Ernst Rietschel modelliert.

Die Krämerstraße wurde hier vom Kornmarkt aus am 27. August 1926 aufgenommen. Am Westende der Straße, wo sich das querstehende Haus befindet, hat wahrscheinlich das älteste Rathaus, „das alte Kaufhaus", gestanden.

Blick in eine schöne Fachwerkhäuserzeile – Krämerstraße 16, 15 und 14 – , aufgenommen am 27. August 1926. Um Schaufenster in bestehende Fachwerkbauten einzuarbeiten, verzierte man die Öffnungen mit einer Bretterarchitektur und passte sie dem bestehenden Fachwerk an.

Aufnahme vom 27. August 1926. Das Haus Krämerstraße 20 war früher die Wohnung des Pfarrers der Stadtkirche St. Nicolai. Seit 1325 durften Krämerwaren nur in der Krämerstraße verkauft werden. Dieses Zunftvorrecht wurde erst 1775 aufgehoben.

7
Hagenviertel und Promenade

„Ein besonders reizvolles Stück der alten Stadtmauer bildet der Bering an der Promenade. Er ist mit Mauern, Türmen und Graben recht gut erhalten. Sieben Türme dienten einst zur Verstärkung der Mauern, die hier wegen des ebenen Geländes nötig waren. Erhalten ist der Armbrustschützen- oder Stadtgärtnerturm direkt an der Promenade neben dem Stadttheater. Dieser Festungsturm wurde 1480 errichtet. Er diente längere Zeit dem Stadtgärtner zur Wohnung. Von ihm läuft, nordwärts gerichtet, ein noch erhaltenes Stück des ehemaligen Wallgrabens, der im Mittelalter den Armbrustschützen als Schießgraben diente. An der Stelle des ehemaligen Hagentores (Straße „Vor dem Hagentor") endigt die Promenade." (Zitat aus: Hermann Eschenhagen, Fotoalbum. Bilder aus der ehemals freien Reichsstadt Nordhausen, der tausendjährigen Stadt am Harz, 1940) Insgesamt waren in Nordhausen von der alten Umwehrung zur Zeit Eschenhagens noch 20 der Türme und rund 1.600 Meter Stadtmauer (ohne Zwinger) erhalten. Nordhausen hatte früher vier große Tore (Barfüßer-, Töpfer-, Rauten- und Neues Wegtor) und acht Tortürme, die durch starke, zuweilen doppelte Mauerzüge miteinander verbunden waren. Dazu kamen noch zwei Pforten, die Kuttel- und die Wasserpforte.

Die Postkartenansicht vom 9. Oktober 1927 gewährt einen Blick über den Pferdemarkt mit Häuserbebauung. Im Hintergrund ist die Kirche St. Blasii zu sehen. Im September 1845 wurde am Pferdemarkt die Synagoge der jüdischen Gemeinde Nordhausen geweiht.

Die am 24. Juni 1940 entstandene Aufnahme zeigt eine Häuserzeile am Pferdemarkt, der um 1430 erstmals urkundlich erwähnt wird. Hier befand sich der Marstall des Stadtrates. Außerdem fanden im Mittelalter auf dem Markt Pferdeschauen statt.

Aufnahme des Fachwerkhauses Pferdemarkt 17 vom 8. April 1937. Völlig in Fachwerk ausgeführt, wurde es Mitte des 16. Jahrhunderts in niederdeutscher Fachwerkkunst erstellt. In Nordhausen sind nach den Stadtbränden des 18. Jahrhunderts nur wenige Denkmäler der Renaissanceperiode übrig geblieben.

Zwischen 1220 und 1234 wurde der Hagen nördlich der Stadt gerodet und eine neue Siedlung angelegt.

Der Hagen mit dem am 24. Oktober 1910 feierlich enthüllten Baltzerbrunnen. Der Brunnen zeigt die lebensgroße Bronzefigur eines Wanderers beim Wasserschöpfen aus der Quelle.

Die Aufnahme vom 9. April 1937 zeigt ein Wohnhaus in Fachwerkbauweise mit Zwischenstock in der Baltzerstrasse 33.

Kleines Fachwerkhäuschen Hagen 5 und Ecke Baltzerstraße. Am Hagen stand bis Oktober 1849 das um 1430 erbaute Hagentor.

Winteransichten des Stadtgärtnerturms. Ähnlich wie der Judenturm reicht er hufeisenförmig in die Grabensohle. Seinen Abschluss bildet ein verschiefertes Kegeldach.

Aufnahme des Armbrustschützen- oder Stadtgärtnerturms an der Promenade vom 12. Mai 1936. Der Wallgraben wurde ab 1850 verfüllt und begrünt.

Auf der Aufnahme vom 7. Mai 1936 ist, unweit vom Stadtgärtnerturm, ein zweiter Turm zu sehen. Er trägt einen Fachwerksaufsatz und diente als Gartenhäuschen.

Undatierte, winterliche Aufnahme der Stadtmauer mit Turm an der Promenade. Beide sind recht gut erhalten.

Auf dem Foto ist die nördliche Stadtmauer unweit des Geheges abgebildet. Der davor liegende Wallgraben war zum Spielplatz umgestaltet worden.

Romantischer Wanderweg entlang der Stadtmauer. Zur Ehrung des Volksschullehrers und Heimatforschers Karl Meyer wurde diese nördliche Stadtumwehrung als Karl-Meyer-Wall bezeichnet. Er begann am Torhäuschen des Spendekirchhofes und endete an der Südspitze des Geheges.

8
Altendorf und Stadtpark

„Die ersten Anfänge Altendorfs liegen noch weiter zurück als die Klostergründung im Jahre 1294. Wahrscheinlich siedelten sich hier schon in den Jahren 1220 bis 1230 die Einwohner des eingegangenen Dörfchens Hohenrode, das auf dem Geierberg lag, im Schutze der Stadtmauern an. Das Altendorf hat, entsprechend seinem Namen und wie man beim flüchtigen Durchwandern feststellen kann, in manchem seinen dörflichen Charakter bewahrt, das zeigen eine Anzahl kleiner Fachwerksgebäude.“ (Zitat aus: Hermann Eschenhagen: Fotoalbum. Bilder aus der ehemals freien Reichsstadt Nordhausen, der tausendjährigen Stadt am Harz, 1940) Das Altendorf wird erstmals 1230 als „antiqua villa“ urkundlich erwähnt. Vermutlich existierte das Altendorf als dörfliches Gemeinwesen nordwestlich der Stadt Nordhausen schon länger, als es Eschenhagen im vorangestellten Zitat annimmt. Das Altendorf kann schon vor der Gründung der „villa Northusen“, also vor dem Bau der Burg Heinrichs I., vorhanden gewesen sein. Dass es 1365, als die Neustadt eingemeindet wurde, nicht zur Stadt kam, weist auf eine vollkommen andere Entwicklung und Struktur hin.

Blick vom Platz vor der Rotleimmühle zum Altendorf. Im Vordergrund ist die Altendorfer Kirche, die keinen Turm besitzt, und dahinter die Kirche St. Blasii mit den beiden achteckigen Türmen zu sehen.

Am Hang des Gehegeberges zwischen den Häusern der Altendorfer Kirchgasse liegt die Altendorfer Kirche. Ursprünglich war sie eine Pfarrkirche (St. Maria in valle). 1294 wurde sie Klosterkirche des nach hier verlegten Nonnenklosters Bischofferode.

Ein Blick auf die Altendorfer Kirche und den dahinter liegenden Friedhof. 1697 wurde die Kirche nach längeren Restaurierungsarbeiten wieder neu geweiht.

Aufnahme vom 13. April 1940. Vom Finkenburg-Wall erblickte Eschenhagen im Hintergrund die Bepflanzung des Geheges. Davor ist das Dach der Altendorfer Kirche zu erkennen.

Die von geschieferten Fachwerkhäusern gesäumte Altendorfer Stiege auf einer Aufnahme vom 11. Oktober 1936. Sie führte vom Altendorf aufwärts zum Gehege.

Fachwerkhaus Altendorf 22. Das Haus ist ein Gebäude aus dem 16. Jahrhundert mit typisch kräftig hervortretenden Balkenköpfen. Die Fortsetzung der Straße Altendorf ist die Barfüßerstraße. Die Aufnahme stammt vom 8. April 1937.

Das Gebäude des ehemaligen St.-Elisabeth-Hospitals, gestiftet von Hermann von Werther und Hans Swellinggrebel, ist auf dieser Fotografie vom 27. Mai 1940 zu sehen. Es wurde 1436 errichtet, 1549 von der Stadt übernommen und diente der Unterbringung Obdachloser.

Einige kleine Fachwerkhäuschen, fotografiert am 27. Mai 1940 in der Elisabethstraße, am Fuß des Domberges. Bis 1828 stand hier, dem Hospital gegenüber, die bereits 1422 erwähnte und im 19. Jahrhundert wegen Baufälligkeit abgerissene Elisabethkirche.

Bei einem Spaziergang am Westhang des Geheges wurde diese Aufnahme vom Altendorf mit seinen winkeligen Häusern am 8. April 1936 von Eschenhagen gemacht.

Durch Bäume und Sträucher sind die Dächer des Altendorfes auf einer Fotografie vom 6. Oktober 1926 auszumachen.

An der Südspitze des Stadtparkes liegt am Westhang des Geheges die Rotleimmühle, die die Stadt im Jahre 1523 vom Altendorfer Kloster erwarb. Im Vordergrund ist der Mühlengraben zu erkennen.

Mit der gärtnerischen Gestaltung des Stadtparkes wurde im Jahre 1874 begonnen. Durch einen Damm, der nach seinem Erbauer Stadtrat Hartmann „Hartmannsdamm" genannt wird, sicherte man sich seit 1855 gegen das Hochwasser der Zorge.

Aus dem ehemals verwüsteten Gelände ist durch Gartenkunst eine Parkanlage mit schönen Baumgruppen, vielfach Erlenbestände, geschaffen worden.

An den vom Hochwasser zurückgebliebenen Teichen begannen 1895 Erdarbeiten, die erst 1901 beendet wurden. Danach war es ein besonderes Vergnügen der Nordhäuser, an den Teichen Schwäne und Enten zu füttern.

Blühende Heiderosen und Wasserlilien sind auf den Teichen des Stadtparkes zu sehen (undatierte Aufnahme Eschenhagens).

Nördlicher Eingang des Stadtparks. Vom Harz kommend, hat Eschenhagen hier oft seine Wanderung durch den Stadtpark Richtung Nordhausen fortgesetzt.

Durch systematische, landschaftsgärtnerische Arbeit erblühte der Stadtpark oder „Neue Park“ um die Jahrhundertwende zu einer grünen Oase in Nordhausen.

9
Gehege und Meyenburgmuseum

Um das Jahr 1700 war der Hang zum Mühlgraben am Geiersberg ein kahler, mit Gestrüpp besetzter, von Lehm- und Tongruben durchwühlter Berghang, auf dem das Vieh weidete. 1738 wurde dies verboten und mit der allmählichen Bepflanzung des Berghanges begonnen. Jeder neue Bürger musste einen Beitrag (6 Groschen) leisten, damit ein neuer Baum gepflanzt werden konnte. So entstand das „Gehege", ein in unmittelbarer Nähe der Stadt liegendes Lustwäldchen. Der stolzeste und schönste Baum im Gehege ist die Merwigslinde. Sagen über ihre Pflanzung und Geschichte werden von Generation zu Generation weitergereicht. So soll im 5. Jahrhundert ein König namens Werwig, der Sohn eines Schuhmachers, geherrscht und die Merwigslinde oder „Mirichens Lingen" (mundartlich) auf dem Geiersberg angepflanzt haben. Er war dem Volk stark verbunden und feierte alljährlich ein Maifest mit seinen Zunftgenossen auf dem Geiersberg. Dieses Volksfest unter der Linde soll bis in die Mitte des 18. Jahrhunderts durch die Zunft der Schuhmacher stattgefunden haben.

Durch die Bepflanzungen des Karl-Meyer-Walls an der Südspitze des Geheges schaut man auf das Torhäuschen am Spendekirchhof mit dem Dom im Hintergrund. Die Aufnahme wurde Ende der 1930er-Jahre gemacht.

Foto, aufgenommen auf einem Spaziergang entlang des Karl-Meyer-Walls, nahe des Geheges, mit Blick auf Teile der Stadt Nordhausen.

Das Gehege, im Norden der Stadt gelegen, bezeichnet den südwestlichen Berghang des Geiersbergs (mundartlich Kirschberg). Der größte, stärkste und älteste Baum des Geheges ist die auf der Höhe des Berges stehende Merlingslinde. Die Aufnahme stammt vom 26. April 1910.

Das Gehege zeichnet sich durch eine große Anzahl prachtvoller alter Buchen, Eichen und Linden aus. 1906 wurde der von Hermann Arnold gestiftete Kützingstein am Eingang des Geheges aufgestellt.

Aufnahme vom unteren Stamm der Merwigslinde, 9. Oktober 1934. Sie steht seit mehreren hundert Jahren auf der Höhe des Geheges.

Die Linde auf der Gehegehöhe und die Gründung Nordhausens werden in der Merwigssage erstmals 1701 von Erich Christoph Bohne zusammenfassend beschrieben. Die Aufnahme stammt vom 1. Oktober 1934.

Foto vom nördlichen Ausgang des Geheges bei Hohenrode. Das Gehege ist die älteste Parkanlage Nordhausens mit stark bewegtem Geländerelief.

Rund um den Gehegeplatz wurden zwei Musikpavillions und acht Cafés errichtet. Ab 1830 begannen hier regelmäßige Konzerte, die mehrmals in der Woche stattfanden.

Das Gehege wurde um 1911 und 1912 durchforstet. Gleichzeitig wurden breitere Wege angelegt, die zum Spazieren in jeder Jahreszeit einluden.

Winteraufnahmen vom Gehege. 1817 wurde von einem Schüler des Turnvaters Jahn am Geheplatz ein Turnplatz angelegt, der bis 1820 bestand.

Im Umfeld der Stadt standen seit Anfang des 15. Jahrhunderts sechs Türme, die zur Beobachtung der Gegend dienten. Die „weite Warte" beim Wilden Hölzchen ist der letzte Wartturm. Auf dem Foto von 1907 hatte er, statt des Fachwerkaufbaues, ein schieferbesetztes Kegeldach.

Bis zum Anfang des 19. Jahrhunderts wurde „die Warte" genutzt. Man brachte an Stangen große Körbe an, um so den Arbeitern auf den Feldern die Mittags- und Feierabendzeit anzuzeigen.

1907/08 wurde die Meyenburgstraße angelegt; hier ist das Haus Meyenburgstraße 36 am 21. Juni 1934 zu sehen. In der Meyenburgstraße 9 wohnte Hermann Eschenhagen ab 1924 für mehrere Jahre.

Ab 1870 wuchs das neuzeitliche Nordhausen aus der Altstadt heraus. In der Gegend östlich vor dem Gehege wurden ab 1908 neue Straßen erschlossen. Blick auf das Haus Nr. 9 in der Köllingstraße.

Auf dem Foto des Jahres 1937 sind weitere Bauten des „Neuen Nordhausens“ in der Albert-Träger-Straße abgebildet.

Der Zeitungsverleger Ferdinand Müller ließ 1908 diese Jugendstil-Villa bauen. 1927, zur 1000-Jahrfeier, wurde die Villa als zweites städtisches Museum eröffnet und trägt seit 1934 den Namen des Bürgermeisters, Reformators und Freundes von Martin Luther, Michael Meyenburg.

Blick in den blühenden Garten des Meyenburgmuseums. Das weitläufige Areal wurde von Gartenarchitekt Wilhelm Röhnik und Gärtnermeister Theodor Bauckmann zu einer Parkanlage gestaltet.

Blick von Norden auf die Stadt Nordhausen. Zum Schluss soll Hermann Eschenhagen noch einmal zu Wort kommen: „Wo die aus dem Harz herabkommende Straße den letzten scharfen Bogen vor der Stadt macht, und gleich darauf in das Gebiet der ehemaligen Reichsstadt Nordhausen eintritt, da halten wir an auf unserer Wanderung und verweilen."

Diese
Bücher aus
Ihrer Region sind
im Handel erhältlich:

Sutton Verlag

BÜCHER AUS IHRER REGION

Geschichten aus der Goldenen Aue
Heinz Noack
978-3-86680-428-9 / 16,90 € [D]

Quedlinburg
Manfred Mittelstaedt
978-3-89702-560-8 / 17,90 € [D]

Zeitsprünge **Sangerhausen**
Hartmut Müller
978-3-86680-272-8 / 17,90 € [D]

Zeitsprünge **Thale am Harz**
Manfred Mittelstaedt
978-3-86680-429-6 / 18,90 € [D]

SUTTON VERLAG